AF362389

EXTRAIT DU *JOURNAL OFFICIEL*
du 1er Avril 1882

RAPPORT

PRÉSENTÉ

AU MINISTRE DES TRAVAUX PUBLICS

AU NOM DE LA COMMISSION D'ÉTUDE

DES MOYENS PROPRES A PRÉVENIR

LES EXPLOSIONS DE GRISOU

PARIS
IMPRIMERIE DU JOURNAL OFFICIEL
31, QUAI VOLTAIRE, 31
1882

EXTRAIT DU *JOURNAL OFFICIEL*
du 1er Avril 1882.

RAPPORT

PRÉSENTÉ

AU MINISTRE DES TRAVAUX PUBLICS

AU NOM DE LA COMMISSION D'ÉTUDE

DES MOYENS PROPRES A PRÉVENIR
LES EXPLOSIONS DE GRISOU

Paris, le 20 mars 1882.

MONSIEUR LE MINISTRE,

Au moment où la commission du grisou, que j'ai eu l'honneur de présider, termine ses travaux, je vous demande la permission de vous rendre compte de la manière dont elle a accompli son œuvre pendant les quatre années qu'elle y a consacrées.

Il n'est pas besoin de rappeler ici que cette commission doit son origine à la loi du 26 mars 1877, votée sur l'initiative de M. P^{es}

— 4 —

Bert, député, et de plusieurs de ses collègues,
et instituant une « Commission d'étude des
moyens propres à prévenir les explosions du
grisou », dont les membres devaient être
nommés, moitié par le ministre des travaux
publics, moitié par le ministre de l'instruction publique (1).

Dès qu'elle a été instituée, la commission,
profondément pénétrée de l'importance de ses
devoirs, s'est mise au travail et elle n'a rien
négligé pour atteindre le noble but désigné à
ses efforts.

C'eût été se faire illusion sur le problème
qui nous était soumis que d'attendre de la
découverte d'une formule plus ou moins simple

----

(1) Le *Journal officiel*, du 8 janvier 1878, a en-
registré les désignations suivantes :

MM. Daubrée, inspecteur général des mines,
    membre de l'Académie des sciences.
    Berthelot, membre de l'Académie des
    sciences.
    Thénard, membre de l'Académie des
    sciences.
    Paul Bert, professeur de physiologie à la
    faculté des sciences de Paris.
    Hébert, professeur de géologie à la faculté
    des sciences de Paris, membre de l'Aca-
    démie des sciences.
    du Souich, inspecteur général des mines.
    Haton de la Goupillière, ingénieur en chef
    des mines, professeur d'exploitation à
    l'école des mines.

la suppression absolue des explosions. L'ingénieur ne peut espérer ici se rendre maître de l'imprévu, pas plus qu'aucun conseil d'amirauté ne parviendra jamais à clore la liste des naufrages. Mais ce que l'on peut et doit rechercher, ce sont les divers moyens de réduire et d'atténuer le nombre et la gravité des accidents qui, d'autre part, tendraient à s'accroître annuellement, l'extraction devenant de plus en plus active et la profondeur des chantiers chaque jour plus considérable.

Réunir en un faisceau tous les faits acquis sur ce sujet, les coordonner et les préciser, combler autant que possible les lacunes que présentent les notions scientifiques actuelles, et préparer ainsi de nouveaux progrès de la

---

MM. Clérault, ingénieur des mines.
A. Burat, professeur d'exploitation à l'école centrale des arts et manufactures.
de Marsilly, directeur général des mines d'Anzin.
Fouqué, professeur de géologie au Collège de France,
et Pernolet, ingénieur civil des mines, remplissant les fonctions de secrétaire.

Plus tard, M. Mallard, ingénieur en chef des mines, et M. Le Chatelier, ingénieur des mines, tous deux professeurs à l'école des mines, ont remplacé MM. Clérault et Fouqué, démissionnaires.

pratique : tel est le programme que nous nous sommes tracé.

Le point de départ de nos travaux a été marqué par un rapport très étendu de M. l'ingénieur en chef des mines Haton de la Goupillière, que la commission avait chargé de lui présenter un tableau d'ensemble des connaissances acquises sur le grisou.

Le même rapporteur a repris son œuvre deux années plus tard pour la compléter à l'aide de l'abondante moisson de faits recueillis, soit dans les enquêtes auxquelles la commission s'est livrée, soit dans les séries d'expériences qu'elle a instiuées et poursuivies. Le second rapport de M. Haton de la Goupillière, dont l'exposition est remarquablement concise et claire, de même que le premier, a été apprécié à l'étranger comme il l'est parmi nous. On les trouve insérés *in extenso* dans les principaux recueils techniques de la Belgique, de la Prusse, de l'Autriche, et, par extraits, dans ceux de l'Angleterre.

Une centaine d'inventions de toutes sortes, dont quelques-unes se prétendaient infaillibles ont été soumises à notre examen, soit par l'administration centrale, soit directement par leurs auteurs. Chacune d'elles a fait l'objet d'un examen attentif, et plusieurs d'entre elles nt motivé des études spéciales et de longues discussions. Un bien petit nombre a résisté au contrôle de cette épreuve, ainsi qu'on peut le voir dans les rapports imprimés par extraits qui concernent toutes ces inventions.

Les travaux personnels des membres de la commission forment un ensemble considérable.

Les recherches expérimentales de MM. Mallard et Le Chatelier, membres du corps des mines, sur la température d'inflammation du grisou, sur la vitesse avec laquelle se propage l'inflammation, sur la température de combustion, sur le rôle attribué aux poussières charbonneuses dans les accidents de grisou et sur d'autres sujets jusqu'alors peu connus, méritent une mention toute spéciale pour leur intérêt scientifique. Ils sont imprimés dans les « Pièces annexes ». Plusieurs résultats obtenus par ces savants ingénieurs paraissent destinés à être mis à profit dans la pratique de l'exploitation des mines ; car personne n'ignore à combien d'applications des découvertes purement théoriques ont déjà conduit.

D'ailleurs la commission, loin de s'en tenir à ses propres lumières, a tenu à puiser largement à toutes les sources d'information.

Tous les règlements des mines à grisou de la France et de l'étranger qu'il a été possible de se procurer ont été mis à contribution. Ils

ont fourni la matière d'un travail très judi-
cieux de coordination et de discussion, dû à
M. l'inspecteur général des mines du Souich,
vice-président du conseil général des mines,
intitulé ».« Rapport sur la règlementation des
mines à grisou. » La commission s'en est servi
pour préparer un document auquel elle a apporté tous ses soins, sous le titre de : « Principes à consulter dans l'exploitation des mines
à grisou. » Dans ces instructions, elle a classé
méthodiquement, sous forme de préceptes
simples et nets, accompagnés de notes expli-
catives, tous les conseils utiles et vraiment
pratiques que, dans l'état actuel de nos connaissances, il lui a paru possible d'adresser
aux exploitants. Il n'est pas douteux que ce
manuel, sans être impératif, attentivement
étudié et appliqué, ne contribue à diminuer
beaucoup le nombre et l'importance des ca-
tastrophes.

Pour une œuvre aussi délicate, la commission a tenu à réunir toutes les garanties, no-
tamment celle du contrôle et de la controverse
techniques. Pour cela, une édition provisoire
des Principes à consulter avait été adressée
aux ingénieurs, aux savants, aux exploitants
qu'elle pouvait intéresser, avec une circulaire
destinée à provoquer leurs observations. Un
ssez grand nombre d'entre eux a été appelé à

déposer dans le sein de la commission. D'autres ont envoyé des réponses écrites, dont plusieurs ont une haute valeur. Tous ces documents ont été revus et discutés dans de nombreuses séances.

Toutefois, avant d'arrêter une rédaction définitive des Principes à consulter, la commission a voulu aussi utiliser d'autres renseignements pris à l'étranger.

Visiter les principales mines à grisou de la Belgique, de l'Angleterre et de l'Allemagne pour y observer, d'une part, les mesures techniques de précaution qui y sont prises; d'autre part, pour y constater la manière dont sont appliqués les règlements spéciaux afférents à ces mines : tel est le programme de la mission que nous avons confiée à deux ingénieurs, MM. Pernolet et Aguillon. Le rapport de ces ingénieurs forme trois volumes, relatifs aux trois pays visités. Publiés par la commission, ils ont été mis à profit dans ses discussions intérieures, et on peut prévoir que tous les exploitants de mines y trouveront des documents utiles.

Il convenait aussi, pour combattre le grisou, de consulter les funèbres annales des ravages passés pour les houillères de la France. Une statistique méthodique, aussi utile que patiente, a été préparée par MM. les ingénieurs des mines Petitdidier et Lallemand pour plus de sept cents accidents de grisou survenus dans notre pays.

Cette statistique, dressée sur des rapports officiels, embrasse une période de plus de soixante années. Les tableaux résumant ce travail ont été coordonnés en un atlas unique, dont l'impression sera prochainement achevée. Les causes directes ou indirectes de l'accumulation du grisou et de son inflammation ressortiront clairement de la lecture de ces tableaux.

A côté du rôle de l'ingénieur, celui du médecin devait naturellement trouver sa place dans ces études. Une instruction médicale sur les accidents des mines, à un point de vue général, a été récemment préparée par l'Académie de médecine. Mais comme la question du grisou réclamait des développements spéciaux que cette œuvre ne pouvait admettre, sans perdre ses proportions, notre commission a obtenu de M. le docteur Paul Regnard, professeur de physiologie à l'Institut agronomique, un formulaire simple et pratique sur les premiers soins à donner aux ouvriers blessés à la suite des explosions. Ils viennent d'être imprimés dans nos documents annexes.

L'étude des appareils de sauvetage permettant de pénétrer dans les milieux irrespirables, dont la commission l'avait aussi chargé, a conduit M. Regnard à un appareil nouveau fondé sur l'idée ingénieuse de la revivification de l'air expiré, par l'absorption de l'acide carbonique et par l'addition d'oxygène. Cet appareil a été expérimenté avec succès par la commission, dans une des caves de l'école des mines.

Le rapport de MM. Mallard et Le Chatelier, que j'ai l'honneur de vous adresser, précise les principaux résultats des travaux de la commission, dont je viens d'esquisser succinctement l'historique.

Pour mieux connaître ces études, il conviendra de se reporter à nos diverses publications, à toutes celles que j'ai mentionnées plus haut, ainsi qu'aux « Extraits des procès-verbaux autographes des séances » et aux « Pièces annexées aux procès-verbaux ».

D'ailleurs, tous les mémoires et documents qui nous ont été adressés constituent des archives que nous avons déposées à l'école des mines.

Depuis que la commission du grisou fonctionne en France, d'autres commissions ont été instituées pour le même objet et par les gouvernements, en Angleterre, en Belgique, dans la Saxe-Royale et en Prusse. Un rapport de M. l'ingénieur des mines Aguillon, imprimé dans les Pièces annexes, expose ce que nos voisins ont fait dans la direction que nous-mêmes avons activement poursuivie.

Vous trouverez sans doute convenable, monsieur le ministre, de communiquer la présente lettre, ainsi que le rapport de MM. Mallard et Le Chatelier, sur les travaux de la commission, à M. le ministre de l'instruction publique, à la Chambre des députés et au Sénat.

Il ne serait sans doute pas inutile, monsieur le ministre, de porter ces deux documents à la connaissance du public en les faisant imprimer au *Journal officiel*. La sympathie générale s'associe, en effet, aux grands deuils provoqués par les explosions de grisou, qui trop souvent, malgré des efforts très persévérants, très éclairés et très désintéressés, jonchent de victimes le champ de bataille de l'industrie souterraine.

Enfin, monsieur le ministre, le président avait le devoir et le privilège de vous faire connaître son appréciation personnelle sur les efforts et le talent déployés sous ses yeux au service d'une aussi belle cause.

Dans cette question d'humanité, chacun a bien fait son devoir ; mais s'il a été donné à quelques-uns de se prodiguer davantage, il est juste qu'il en soit conservé une trace : c'est dans ce but que je joins à cette lettre

un autre document d'un caractère confiden-
tiel et destiné non plus à la publicité, mais au
ministre seul.

Veuillez agréer, monsieur le ministre, l'ex-
pression de mon profond respect.

A. DAUBRÉE,
Président de la commission du grisou,
membre de l'Institut, inspecteur général
des mines.

DOCUMENTS ANNEXES

—

RAPPORT

SUR

les travaux de la commission du grisou, présenté
à la commission dans sa séance du 8 mars 1882,
par MM. Mallard et Le Chatelier.

—

. La commission, regardant sa mission comme
bien près d'être accomplie, a jugé utile, avant
de se séparer, qu'il soit présenté un exposé de
ses travaux. Elle a pensé, en outre, que, dans
ce travail, il y aurait lieu d'examiner si, parmi
les questions, évidemment trop nombreuses
encore, qui restent sans solution, il n'y en
aurait pas quelqu'une sur laquelle elle pût
utilement provoquer de nouvelles recherches.

La commission nous a fait l'honneur de
nous charger de ce rapport.

Avant d'entrer en matière, nous devons
dire qu'il nous arrivera plus d'une fois de for-
muler certaines appréciations ; nous le ferons

avec d'autant moins de scrupule qu'elles n'engagent que notre propre responsabilité, celle de la commission restant entièrement hors de cause.

Rapport de M. Haton de la Goupillière.

A peine réunie, la commission avait exprimé le désir qu'il lui fût présenté un exposé de tous les faits, concernant les explosions de grisou, que l'on pouvait considérer comme acquis à l'art des mines. Ce travail considérable, rédigé par M. Haton de la Goupillière, auquel MM. Sauvage et Küss avaient été adjoints temporairement, a été remanié par son auteur qui en a donné une seconde et définitive édition. Dans celle-ci une juste place a été faite aux données nouvelles qu'a mises en lumière l'enquête ouverte par la commission ou qu'ont fait connaître les recherches entreprises sur son initiative.

Le rapport de M. Haton de la Goupillière est devenu ainsi un véritable traité didactique du grisou, et la publication qui en a été faite dans les principaux recueils techniques de l'étranger atteste qu'il n'est pas moins apprécié au delà qu'en deçà de nos frontières.

L'exposé de M. Haton de la Goupillière

étant pris pour point de départ, la commission décida :

1° Qu'un certain nombre de sous-commissions seraient chargées de recherches expérimentales ayant pour but soit de soumettre au contrôle de l'observation divers appareils proposés, soit de compléter les données que la science possédait sur les propriétés chimiques et physiques du grisou ;

2° Qu'une enquête, aussi complète que possible, serait ouverte sur tous les faits qui se rattachaient à l'objet de sa mission.

Nous allons exposer ce qui a été fait pour répondre à ces vœux de la commission.

§ 1ᵉʳ. — RECHERCHES EXPÉRIMENTALES

Ces recherches se divisent naturellement en deux parties. Les unes se rapportent à des sujets intéressant directement la pratique de l'art des mines ; les autres se sont surtout proposées d'élucider certaines propriétés du grisou encore imparfaitement connues.

En prenant l'initiative de ces études théoriques, la commission pensait que, bien qu'elles fussent sans application immédiate, elles ne seraient pas sans utilité pour hâter et faciliter les progrès que l'avenir tient en réserve.

2

Ce sont les résultats de ces dernières recherches que nous allons d'abord faire connaître.

I. — RECHERCHES THÉORIQUES

1° Propriétés chimiques et physiques du grisou.

Composition du gaz.

La commission avait exprimé le vœu que des analyses exactes et nombreuses fussent faites sur le gaz qui se dégage dans les mines de notre contrée. Malheureusement ce vœu ne s'est qu'incomplètement réalisé. M. Fouqué, qui avait bien voulu se charger de ce travail considérable, a été forcé de quitter la commission avant d'avoir pu le mener à terme. Il avait cependant eu le temps d'analyser avec le plus grand soin un grisou recueilli par lui-même dans un puits d'Anzin ; et il est très remarquable que, sauf la présence signalée pour la première fois d'une faible quantité d'hydrogène libre et de traces d'ammoniaque, cette analyse s'accorde avec toutes celles, déjà fort nombreuses, que l'on connaît actuellement.

On peut affirmer, en effet, que la composition du grisou est suffisamment connue dans ses traits principaux.

Quelque part qu'on l'ait analysé, le grisou s'est montré composé presque exclusivement de formène (hydrogène protocarboné) avec les éléments de l'air plus ou moins désoxygéné, et quelques centièmes seulement d'hydrogène ou d'hydrocarbures complexes d'une part, d'acide carbonique de l'autre.

Or, les expériences publiées par la commission permettent de prévoir quelle est, au point de vue de l'explosibilité, l'influence de ces gaz accessoires. Elles ont montré que, si l'on prend la vitesse de propagation de l'inflammation comme la mesure des propriétés explosives du gaz, il faut, pour diminuer la vitesse de propagation dans un mélange détonant d'air et de grisou, du tiers de sa valeur, la présence de 5 p. 100 d'acide carbonique. Or, on n'a jamais trouvé de grisou tenant plus de 0,06 d'acide carbonique, et comme le mélange le plus détonant d'air et de grisou ne tient que 0,0956 de grisou, il ne peut tenir plus de 0,006 d'acide carbonique ; ce qui ne peut abaisser la vitesse de propagation de plus de $1/30^e$, quantité tout à fait insignifiante.

Les mêmes expériences ont montré que la vitesse de propagation du mélange tonnant d'air et de gaz d'éclairage est seulement

double de celle du mélange tonnant d'air et de
f ormène pur. Or, le gaz d'éclairage, en négli-
geant les gaz qui ne s'y trouvent qu'en faible
quantité, tient environ 2 d'hydrogène pour 1
de formène. La présence de 3 à 4 p. 100 d'hydrogène dans le grisou ne peut donc accroître
notablement ses propriétés explosives.

Les faits connus antérieurement et ceux que
la commission a fait connaitre permettent donc
d'affirmer avec certitude que les mélanges détonants que l'on rencontre dans les mines gri-
souteuses ne possèdent pas de propriétés sensi-
blement différentes de celles des mélanges d'air
et de formène que l'on peut préparer artifi-
ciellement. On peut même regarder les propriétés de ce mélange comme un maximum
qui n'est pas souvent atteint dans la mine.

Les différences notables qui peuvent se produire ne peuvent, en effet, provenir que de la
désoxygénation de l'air dans les chantiers, et du
mélange à l'air de la mine d'acide carbonique
provenant de causes diverses. Toutes ces in-
fluences diminuent le pouvoir explosif du
gaz.

Nous croyons donc qu'il conviendrait de
bannir de la science et d'écarter des préoc-
cupations déjà si nombreuses de l'ingénieur,
ce fantôme de gaz particulièrement *me-
chants*. Il est clair que le grisou détoner

moins facilement dans une partie de la mine
où soit par une cause, soit par une autre, l'air
contiendra une proportion notable d'acide carbonique ou manquera d'une notable quantité
de son oyxgène normal. En dehors de ces
circonstances exceptionnelles, nous regardons
comme acquis à la science et à l'art des mines
que les mélanges détonants des mines ne sont
jamais plus dangereux que ne le sont les mélanges d'air et de formène préparés dans les
laboratoires.

Tout en regrettant que le programme de la
commission n'ait pu être sur ce point plus
complètement rempli, et que nous ne puissions
oppposer aux analyses assez nombreuses faites
sur le grisou des mines anglaises, un travail
semblable fait sur le gaz de nos houillères,
nous estimons que la sécurité des mines n'est
plus intéressée directement dans ces recherches,
et que la question est résolue en ce qui la
touche.

*Composition du gaz provenant de la combustion
du grisou.*

Les propriétés chimiques du grisou sont
assez bien connues, puisqu'on peut assimiler
ce gaz au formène. La sous-commission a cependant cherché à préciser la nature des gaz

auxquels la combustion du grisou donne naissance. On a trouvé que lorsque la proportion de grisou dans l'air est inférieure à 9,5 p. 100, la combustion ne produit, comme on doit s'y attendre, que de l'acide carbonique et de l'eau.

Lorsque la proportion de grisou est supérieure à 9,5 p. 100, il se produit, en outre, de l'oxyde de carbone, en même temps que du grisou et de l'hydrogène restent non brûlés.

Avec un air tenant 12 p. 100 de grisou, les produits de la combustion, après condensation de la vapeur d'eau, étaient formés, sur 100 volumes, de 4,8 d'acide carbonique, 3,9 d'oxyde de carbone, 2,5 de grisou ou autres hydrogènes carbonés, 3,5 d'hydrogène et 82,2 d'azote. Un semblable mélange gazeux est toxique et irrespirable. Pour qu'il devînt respirable, il faudrait y ajouter un volume d'air tel que le mélange total contînt 15 p. 100 d'oxygène au moins. L'atmosphère tiendrait encore 1,1 p. 100 environ d'oxyde de carbone et serait éminemment toxique. Ce fait peut avoir son influence pour augmenter le nombre des victimes d'une explosion.

Toutefois, il doit être en général assez rare que l'air d'une mine, même au moment d'une explosion, tienne une proportion de grisou égale à 12 p. 100, c'est-à-dire supérieure de 2,5 p. 100 à celle qui donne le maximum d'explosibilité. Si l'oxyde de carbone se rencontre en proportion toxique dans l'atmosphère de la mine après une explosion, ce qui n'a pas encore été constaté avec précision, il doit plutôt être produit par la combustion partielle de la poussière de houille.

Solubilité.

Au nombre des propriétés chimiques du grisou jugées douteuses, on compte quelquefois la solubilité. On sait cependant, grâce à des déterminations précises, que 100 vol. d'eau à 0° dissolvent 5,449 volumes de gaz.

Cette solubilité est très faible, et il n'y a pas lieu de s'arrêter à certains faits qui ont été signalés et pour l'explication desquels on a attribué au grisou une solubilité plus grande. Ces faits peuvent tous recevoir plusieurs interprétations autres que cette hypothèse gratuite et ne sauraient être mis en balance avec des expériences précises. Il ne nous paraît donc pas nécessaire d'ajouter de nouvelles déterminations à celles qui sont déjà connues.

Température d'inflammation.

On ne connaissait, avant les expériences dues à la commission, ni la température d'inflammation, ni la température de combustion des mélanges explosifs formés par ce gaz.

Les travaux expérimentaux entrepris par les délégués de la commission pour déterminer la température d'inflammation ont amené la découverte de certains faits qui nous paraissent avoir une réelle importance pratique.

Les mélanges explosifs formés par la plupart des gaz combustibles ont une température d'inflammation assez précise. Pour des températures notablement inférieures à celle-là, il se fait bien déjà, il est vrai, une combinaison d'oxygène et de gaz combustible ; mais le volume des gaz formés dans l'unité de temps, c'est-à-dire la vitesse de la combinaison, est très faible.

Cette vitesse va graduellement en croissant avec la température, mais reste toujours assez petite jusqu'à une certaine température pour laquelle elle prend, dans un temps très court, une valeur considérable. C'est ce qu'on peut appeler la température d'inflammation. Les expériences de la sous-commission l'ont fixée à 552° pour l'oxygène, à 650° pour l'oxyde de carbone, et il a été constaté qu'elle variait assez peu pour un même gaz, lorsqu'on faisait varier beaucoup les proportions relatives du gaz comburant et du gaz combustible dans le mélange explosif.

Par une exception singulière et très remarquable, les choses ne se passent pas du tout de la même façon pour le grisou. Les mélanges de grisou et d'air s'enflamment vers 740°. Mais l'inflammation ne se produit pas, comme pour les autres gaz, dès que la masse gazeuse ou seulement un point de cette masse est porté à cette température.

Il est nécessaire, pour que le mélange détone, que le gaz en subisse l'action pendant plusieurs secondes. Le retard de l'explosion devient de plus en plus faible à mesure que la température s'accroît, jusqu'à devenir nulle à une température que les appareils employés pour ces expériences n'ont pas permis d'atteindre, mais qui, d'après les expériences bien connues et faciles à répéter, de Davy, est supérieure à celle du rouge blanc.

On peut mettre en évidence cette curieuse propriété du grisou par une expérience très frappante et très instructive. On projette sur un creuset de fer chauffé au rouge et renversé, un jet de grisou animé d'une faible vitesse.

Lorsque le jet est dirigé sur la partie externe du creuset, le mélange explosif ne reste qu'un temps très court en contact avec la paroi, et ce temps est insuffisant pour permettre au gaz de prendre feu ; l'inflammation ne se produit pas, quelque prolongée que soit l'expérience. Lorsque au contraire ce jet est dirigé dans l'intérieur du creuset renversé, le mélange gazeux est forcé de rester plus longtemps en contact avec la paroi, et l'inflammation se produit, au bout d'un temps plus ou moins long, suivant que le creuset est plus ou moins chaud. Le temps nécessaire pour l'inflammation peut dépasser dix secondes.

En définitive, dans la pratique, les choses se passent le plus souvent comme si la température d'inflammation du grisou était supérieure à celle du rouge blanc. Lorsque le treillis d'une lampe de sûreté rougit sous l'influence de la combustion du grisou dans l'intérieur de la lampe, le grisou ne s'enflamme pas au contact de la toile métallique parce que le mélange explosif se renouvelant sans cesse autour des fils métalliques, ne subit pas assez longtemps, pour prendre feu, l'influence de la température.

Mais on conçoit en même temps qu'il puisse y avoir des cas où le contact du gaz avec un corps porté au rouge étant plus prolongé, l'in-

flammation vienne à se produire. C'est donc
là un fait nouveau et qui peut jouer un rôle
important dans l'explication de certains accidents et par conséquent aussi dans les mesures préventives à prendre pour les éviter.

*Limites d'inflammabilité du mélange d'air
et de grisou.*

Les limites d'inflammabilité du mélange
d'air et de grisou ont été déterminées par la
sous-commission chargée de ces expériences.
La limite minima correspond à un mélange
tenant environ 5,8 p. 100 de grisou; la limite
maxima, à un mélange tenant 16 à 17 p. 100
de gaz.

Ces nombres ne sont pas susceptibles d'une
grande précision, car l'inflammabilité peut varier dans certaines limites avec la température et même avec l'étendue superficielle du
corps qui détermine l'inflammation.

Vitesse de propagation de l'inflammation.

Les expériences entreprises autrefois sur les
vitesses de propagation dans les mélanges de
grisou et d'air ont été reprises par la sous-

commission et étendues à d'autres mélanges explosifs.

Ces expériences ont constaté de nouveau que la vitesse de propagation dans les mélanges grisouteux est. très faible et ne dépasse guère 0^m60 par seconde.

Elles ont, de plus, montré dans quelle proportion cette vitesse s'atténue lorsqu'on mélange du gaz avec une certaine proportion d'azote ou d'acide carbonique.

Elles ont permis en outre de bien mettre en lumière un fait important qui avait été déjà constaté par MM. Schlœsing et Demondésir dans des expériences restées à peu près inédites. Il consiste en ce que la vitesse avec laquelle s'effectue la propagation réelle de la flamme dans un mélange détonant quelconque est extrêmement variable avec les circonstances de l'inflammation.

Dans les gaz en repos, et lorsque l'inflammation peut se propager sans mettre en mouvement la portion non encore brûlée du gaz, la propagation se fait régulièrement et lentement avec une vitesse égale à celle qu'ont fixée les expériences de la commission, et qu'on peut appeler la vitesse normale.

Si, au contraire, le gaz dans lequel se fait la propagation est agité par des mouvements irréguliers, susceptibles de brasser la masse gazeuse, ou si l'inflammation ne peut se propager qu'en produisant dans la portion non brûlée de semblables mouvements, la propagation peut croître énormément jusqu'à devenir presque foudroyante.

C'est ainsi que les expériences de la sous-commission ont montré que si l'on remplit d'un mélange détonant un tube de verre fermé par un bout et ouvert à l'autre, la propagation se fait, au moins pour les mélanges à faible vitesse normale suivant cette vitesse même ; il n'y a pas de détonation, et l'on peut suivre très aisément à l'œil la flamme parcourant lentement toute la longueur du tube.

Si, au contraire, l'inflammation est mise du côté de l'extrémité fermée du tube, il se produit une explosion violente, et la flamme parcourt le tube avec une rapidité qui n'a pu être mesurée exactement, mais qui paraît atteindre 100^m par seconde.

Avec les mélanges d'hydrogène et d'oxygène cette vitesse peut aller jusqu'à 1,600^m par seconde, comme l'a observé M. Berthelot dans des expériences analogues.

La connaissance de ce fait permet de se rendre compte des différences considérables qui se produisent dans la violence des coups de grisou.

Supposons, par exemple, un chantier ouvert seulement à l'une de ses extrémités et rempli d'un mélange explosif. Si l'inflammation y est produite par la lampe ouverte d'un ouvrier entrant dans le chantier, l'inflammation s'y propagera lentement et sans bruit; si au contraire, l'inflammation est produite par l'ouverture, à un certain moment, de la lampe de sûreté d'un ouvrier travaillant au fond du chantier, l'inflammation pourra être soudaine et accompagnée d'un bruit intense ainsi que d'effets mécaniques violents.

Température de combustion.

Il est souvent intéressant, pour la pratique de l'art des mines, de connaître la température et la pression développées par la combustion du grisou. De nombreuses expériences ont été faites sur ce sujet par la sous-commission, et étendues à un grand nombre de mélanges gazeux inflammables. On a déterminé, dans ces expériences, la pression développée par la détonation de ces mélanges en vase clos.

On a pu constater ainsi que la pression développée par le mélange tonnant de grisou et d'air faisant explosion dans un espace fermé est égale à sept atmosphères environ. Cette donnée permet de calculer la résistance qu'il faudrait donner aux portes destinées à isoler, dans un coup de feu, les divers quartiers les uns des autres.

On peut déduire de ce nombre la température de combust'on, en vase clos, du mélange tonnant de grisou et d'air. Cette température est égale à environ 2200°. A cause de la différence des chaleurs spécifiques à pression constante et à volume constant, la température de combustion à l'air libre doit être inférieure de 200 à 300° ; mais on ne connaît malheureusement aucun moyen expérimental de la fixer d'une manière précise.

Diffusion.

Parmi les propriétés physiques du grisou, il en est une qui lui est commune avec tous les gaz, celle de la diffusion. Il est bon de s'y arrêter quelques instants, car on a quelquefois réclamé, comme nécessaire, une étude détaillée de ce phénomène.

Quelques ingénieurs avaient émis cette hypothèse, à l'appui de laquelle ils n'apportaient d'ailleurs aucun fait précis, que le mélange de grisou et d'air, même supposé parfait, pouvait cependant se séparer en ses éléments, par une sorte de liquation analogue à celle qu'on ob-

serve dans des mélanges formés par certains
liquides de densités différentes.

Bien que cette hypothèse fût en contradic-
tion avec toutes les données de la science, la
commission l'a cependant soumise au contrôle
de l'expérience. Celle-ci a démontré très nettement que l'hypothèse est fausse et que
le grisou et l'air une fois mélangés ne se sé-
parent plus.

On sait d'ailleurs, et aucune expérience nouvelle n'est nécessaire à cet égard, que le mélange intime des deux gaz est difficile. Cette
difficulté, qui existe pour tous les gaz, est plus
grande encore pour le grisou et l'air à cause de
la grande différence de densité qu'ils présentent
entre eux. Le mélange par simple diffusion est
très lent, et par conséquent, il ne faut point y
compter pour assurer la sécurité des travaux
de mines. Il est indispensable, et c'est un fait
sur lequel on ne saurait trop appeler l'attention des mineurs, d'opérer, par une action
mécanique, le brassage du gaz, tout en évitant
avec soin de produire dans l'air des remous
violents au voisinage des lampes de sûreté.

Aucune expérience ne semble d'ailleurs pouvoir être tentée pour préciser le degré d'agita-
tion qui assure un mélange complet. Il ne
nous semble donc pas, malgré l'importance
qu'on doive attacher à cette question dans

pratique de l'exploitation, qu'il y ait lieu d'entreprendre de nouvelles recherches expérimentales sur ce point.

2° Gisement et mode de dégagement du grisou.

La question du gisement du grisou et de son mode de dégagement a naturellement beaucoup préoccupé les mineurs. Sur ce point, si l'on est encore divisé sur certaines interprétations théoriques, on est d'accord sur presque tous les faits qui peuvent intéresser la pratique.

On sait que le gaz se trouve emprisonné dans les pores de la houille et quelquefois, quoique plus rarement, dans certaines couches poreuses du terrain houiller.

Le gaz contenu dans la houille y possède un état de tension qui, comme l'a constaté en Angleterre M. Lindsay Wood dans une série d'expériences très-remarquables, est extrêmement variable d'une couche à une autre, et même d'un point à un autre d'une même couche. M. Lindsay Wood a mesuré des tensions égales à 30 atmosphères, et il est vraisemblable qu'il peut se rencontrer des pressions plus considérables encore.

Le gaz commence à se dégager dès que, par la mise à nu d'une certaine surface de la houille, la pression extérieure cesse d'équilibrer la pression interne. Le taux de ce dégagement est encore très-variable, et dépend, non-seulement de la pression interne, mais encore de la perméabilité du charbon, c'est-à-dire des résistances plus ou moins grandes qui s'opposent à l'écoulement du gaz à travers les pores du combustible.

Cette perméabilité peut varier à tel point que M. Lindsay Wood a observé que, dans certains cas, les dégagements les moins abondants pouvaient se rencontrer avec les pressions internes les plus intenses. Le dégagement du gaz peut d'ailleurs durer pendant fort longtemps à travers la même surface.

En partant de ces faits, M. Arnould, dans son beau mémoire sur les dégagements instantanés de grisou, a montré que lorsqu'on a mis à découvert, par l'abatage, une certaine surface de la couche, il s'établit, dans le grisou que contient la houille, une répartition de la pression qui part de zéro pour augmenter graduellement à mesure qu'on s'avance dans l'intérieur du massif. Il est aisé de tirer des expériences de M. L. Wood que la loi de variation de la pression est la même que celle de la variation de la température dans un corps chaud soumis à un refroidissement superficiel.

Si la tension originelle du grisou dans le

massif vierge n'est pas trop grande, et si l'abatage marche assez lentement, pour que la tension superficielle ne soit jamais trop forte, le dégagement du grisou se fait d'une manière régulière et la quantité de gaz produite en un temps donné est à peu près proportionnelle à la quantité de houille abattue ; le taux de cette proportion pouvant d'ailleurs varier considérablement non-seulement d'une mine à une autre, mais encore d'un point à un autre de la même mine.

Tel est le mode de dégagement du grisou que l'on peut appeler *normal* et qui paraît être le plus habituel à nos exploitations, comme à celles de l'Allemagne.

MM. Pernolet et Aguillon, dans l'important rapport de mission qu'ils ont adressé à la commission et dont il sera parlé plus loin, ont étudié les modes de dégagements *exceptionnels* que l'on a constatés en Belgique et en Angleterre.

En Belgique ce sont principalement les dégagements qu'on a nommés instantanés. Ils paraissent dus, d'après M. Arnould, à une tension considérable du grisou dans le massif vierge liée à une faible ténacité de la houille qu'il imprègne. La vitesse de dégagement peut alors acquérir une grandeur telle que ce dégagement se transforme en une véritable explosion mettant en liberté en un temps extrêmement court un énorme volume de gaz, en s'accompagnant de la pulvérisation et de la projection d'une masse correspondante de combustible.

Mais le grisou n'existe pas seulement dans la houille, il peut remplir aussi les crevasses que les failles ont produites en découpant le terrain houiller. Ces crevasses constituent alors de véritables réservoirs d'où le gaz, qui y est fortement comprimé, peut s'échapper par le plus petit orifice, avec une grande vitesse, en donnant lieu à un soufflard. Les soufflards dus à cette cause n'ont en général qu'une faible durée, car le réservoir qui les alimente est lui-même limité.

Lorsqu'une couche de grès se trouve dans des conditions telles qu'elle peut s'imprégner de grisou sans que le gaz puisse se dégager, elle constitue un véritable *niveau* de gaz au même titre qu'un banc de grès imprégné d'eau constitue un niveau d'eau. Lorsqu'une semblable couche de grès est mise en communication avec l'atmosphère, soit par les galeries de l'exploitation, soit par les fissures que les travaux provoquent dans le terrain, il se produit en quelque sorte une fontaine de gaz alimentée par le drainage de la couche, au travers de laquelle le grisou circule encore plus

librement que ne peut le faire l'eau. Le débit
de cette fontaine gazeuse peut durer pendant
un temps très long, car le réservoir qui l'alimente peut avoir un volume énorme. Telles
sont les causes auxquelles on peut rapporter
des dégagements de grisou exceptionnels qui
ont été observés assez souvent en Angleterre,
et qui ont pris le nom de soufflards (*blowers*),
de dégagements subits (*sudden outbursts*), soit
au toit soit au mur.

Ces dégagements exceptionnels sont dus à
un concours de circonstances géologiques qui
ne paraît pas s'être rencontré, au moins
jusqu'à présent, dans les mines du conti-
nent.

La commission, grâce à ses diverses publications, et particulièrement à celle du rapport
de MM. Pernolet et Aguillon, et celle d'un
extrait détaillé du mémoire de M. Lindsay
Wood, aura contribué, par le rapprochement
des faits observés dans les diverses contrées,
à élucider le problème du gisement et du mode
de dégagement du grisou. Il nous paraît que
la commission aura rempli sa mission, si,
après avoir ainsi fait connaître aux ingénieurs
l'état de la question, elle leur adresse la
présente recommandation d'observer et de
publier tous les faits relatifs, soit au dégagement normal, soit aux dégagements excep-

tionnels qu'ils pourraient rencontrer dans leur pratique journalière.

Quant à la question qui a été soulevée par M. Arnould, de savoir quel est l'état physique du grisou dans l'intérieur de la houille et s'il s'y trouve contenu sous la forme gazeuse ou sous la forme liquide, elle peut être intéressante au point de vue théorique, mais elle ne touche nullement la pratique. La solution en est liée au développement général de la science, et il ne nous paraît pas qu'il soit utile d'instituer sur ce sujet une nouvelle série de recherches.

Influence de la pression barométrique.

Nous ne reviendrons pas ici sur la question si controversée de l'influence de la pression barométrique. L'un de nous a publié sur ce sujet un travail étendu sur les conclusions duquel nous sommes pleinement d'accord l'un et l'autre. A nos yeux il est établi que les variations de pression barométrique sont sans influence sur le dégagement du grisou au front de taille et M. L. Wood, par des expériences directes, vient de mettre ce fait hors de doute.

Nous admettons cependant comme possible

mais non comme pleinement démontré qu'une baisse brusque et considérable du baromètre peut faire refluer dans les galeries immédiatement contiguës, surtout si elles communiquent avec les anciens travaux par des orifices relativement étroits, le gaz qui peut se trouver accumulé dans les anciennes excavations. L'enquête que nous avions essayé d'établir à ce sujet n'a point abouti et aucune réponse ne nous est parvenue aux questions que nous avions posées.

Nous croyons, en effet, que si cette influence des baisses brusques du baromètre est théoriquement admissible, elle doit, en fait, s'exercer rarement et n'avoir sur la sécurité générale des travaux qu'une influence très secondaire et très difficile à établir avec certitude.

Dans tous les cas, la discussion approfondie à laquelle s'est livrée la commission et à laquelle elle a convié tous les ingénieurs n'aura point été inutile pour ramener le problème à ses véritables termes.

Il est évident que la commission ne peut plus, sur ce sujet comme sur le précédent, qu'engager les ingénieurs à observer et à publier les faits qui se présenteraient dans les exploitations qu'ils dirigent.

II. — RECHERCHES INTÉRESSANT DIRECTEMENT LA PRATIQUE

Ces recherches se rapportent à cinq ordres de sujets différents :

1° La ventilation des mines ;

2° L'éclairage ;

3° La constatation de la présence du grisou ;

4° Le tirage des coups de mine ;

5° L'influence des poussières de houille sur les explosions ;

6° Les soins à donner aux blessés après les explosions.

1° VENTILATION DES MINES

Mode de ventilation.

Des expériences comparées sur les divers modes de ventilation s'éloignaient trop de l'objet propre des travaux de la commission pour qu'elle pût songer à en entreprendre. De semblables expériences exigent au reste un ensemble de conditions qu'il eût été difficile de remplir.

La comparaison raisonnée entre les différents systèmes de ventilateurs n'est d'ailleurs plus à faire. Elle se trouve résumée dans les excellents travaux de M. Murgue. MM. Pernolet et Aguillon ont, de leur côté, dans leurs rapports de mission, condensé sous une forme méthodique les nombreuses observations faites sur ce sujet à l'étranger.

Appareils servant au contrôle de l'aérage.

La commission s'est principalement préoccupée des appareils pouvant servir au contrôle de l'aérage, si important pour assurer la sécurité.

Elle a été à ce point de vue heureuse de recueillir les observations de MM. Murgue et Aguillon, ainsi que celles de M. Jutier, sur la loi de la répartition de la vitesse dans les divers points d'une même section de galerie.

Quant aux instruments mesureurs de la vitesse de l'air dans une galerie, on a expérimenté un appareil de M. Vicaire, qui consiste en une palette verticale mobile autour d'un axe horizontal. La palette, élevée plus ou moins par le courant d'air, vient, lorsque ce courant est trop peu intense, actionner une sonnerie électrique. On a ainsi un véritable avertisseur du danger auquel expose la trop grande diminution de la ventilation.

Des expériences ont également été faites sur divers appareils imaginés par l'un des membres de la commission, pour mesurer la vitesse du courant en un point quelconque d'une galerie.

Le premier de ces appareils est destiné à mesurer la hauteur génératrice du mouvement de l'air, de laquelle on peut déduire la vitesse. L'appareil est un véritable tube de Pitot; la difficulté de mesurer les différences si faibles produites dans la hauteur liquide par la pression qu'il s'agit d'observer, est résolue de la façon suivante. On mesure, par un piston plongeur que meut une vis à très faible pas, la quantité d'eau qu'il faut retirer à la colonne dénivelée pour amener le niveau à affleurer la pointe supérieure d'une aiguille verticale. En observant le ménisque produit par la pointe lorsqu'elle traverse la surface, on peut apprécier avec une grande approximation le moment exact de l'affleurement.

Les expériences faites ont montré qu'on pouvait ainsi mesurer la différence de niveau des deux colonnes du manomètre à moins de 1 millième de millimètre. Malheureusement cet appareil délicat, et qui pourra trouver ailleurs son application, ne paraît pas pouvoir être facilement employé dans l'intérieur d'une mine.

Un autre anémomètre expérimenté consiste en une boule légère d'assez grand diamètre placée à l'extrémité d'une baguette, à l'autre bout de laquelle une petite balle métallique vient placer au milieu le centre de gravité de l'ensemble. La baguette est suspendue horizontalement au moyen d'une suspension bifilaire. L'appareil étant placé dans un courant d'air, la baguette tourne sous l'action du vent qui vient choquer la boule; le centre de gravité, s'élevant en vertu de ce mouvement de rotation, une force antagoniste se développe pour ramener la baguette dans la direction première. L'angle qu'a décrit celle-ci au moment de l'équilibre peut servir de mesure à la vitesse du vent. Cet équilibre n'est en général obtenu qu'après de nombreuses oscillations; comme elles seraient très gênantes, on les amortit au moyen de palettes plongeant dans l'eau. Cet appareil est très sensible et peut mesurer de très faibles vitesses du courant d'air ; malheureusement, l'emploi en présente encore quelques difficultés, au moins dans l'intérieur des mines où l'on ne peut porter que des appareils d'une extrême simplicité.

En revanche, on a obtenu d'assez bons résultats avec un appareil qui paraît presque

enfantin. Il consiste en effet en une simple
feuille de papier à lettre ordinaire dont la
partie supérieure est pincée entre deux lames
métalliques horizontales. L'extrémité inférieure de la feuille recourbée se meut sur un
quart de cercle grossièrement divisé. La feuille
est exposée au courant d'air, de manière que
celui-ci vienne la frapper du côté de la con-
vexité qu'elle forme vers le haut.

Elle est plus ou moins déviée de la verticale,
suivant que le courant est plus ou moins fort,
et la grandeur de la déviation permet de se
rendre compte de la vitesse de l'air. L'appareil
est tenu à la main; les indications n'en sont
qu'approximatives, mais elles ont ce grand
avantage d'être obtenues très aisément et de
montrer les plus légères et les plus subites
variations du courant, contrairement à ce qui
a lieu pour les anémomètres à moulinet, qui
ne donnent qu'une certaine vitesse comprise
entre toutes celles qui ont agi sur l'instrument
pendant l'observation.

Un appareil imaginé depuis assez longtemps
par M. Bourdon, auquel on doit tant d'inventions ingénieuses, permet de mesurer aisément les vitesses d'un courant d'air, surtout
lorsqu'elles sont assez fortes, ainsi qu'il arrive
dans le couloir où vient déboucher l'air lancé
par un ventilateur.

L'appareil consiste essentiellement en une série de tubes tronconiques placés concentriquement les uns dans les autres avec un certain écartement mutuel, et d'autant plus nombreux qu'on veut obtenir plus de sensibilité. On le place dans le courant d'air, en tournant contre le vent les sommets des cônes.

Chaque tube fait l'effet d'un ajutage tronconique qui augmente la vitesse de l'air dans la section rétrécie. La vitesse dans la section rétrécie du tube intérieur arrive donc à dépasser celle du courant général.

La hauteur génératrice de la première vitesse se trouve ainsi beaucoup plus grande que celle de la seconde, et la différence entre ces deux hauteurs génératrices peut d'ailleurs être liée à la vitesse du courant général par une relation empirique déterminée une fois pour toutes.

On mesure cette différence en faisant communiquer, au moyen de tubes en caoutchouc, les parties supérieures des deux colonnes d'un manomètre à eau, d'une part avec un orifice recevant le choc du courant d'air traversant la partie rétrécie du tube tronconique intérieur, de l'autre avec un second orifice recevant le choc de l'air à sa sortie de l'appareil.

Cet appareil, qui se prête très bien à une installation à poste fixe, et qu'on pourrait

rendre assez aisément enregistreur, a été expérimenté à l'Ecole des mines. Il l'a été aussi,
par l'un de nous, aux mines d'Anzin; enfin
MM. Aguillon et Murgue l'ont fait fonction-
ner avec succès à Bessèges. Il nous semble
appelé à rendre de grands services pour con-
trôler la marche des ventilateurs.

Nous croyons qu'on doit recommander aux
exploitants d'ajouter au manomètre qui mesure ordinairement la pression ou la dépression
engendrée par le ventilateur, un appareil
Bourdon, ou tout autre atteignant le même
but. Les indications comparées de ces deux appareils permettent, en effet, d'apprécier à chaque instant l'état de la mine, non-seulement
au point de vue de la quantité d'air qui la traverse, mais encore à celui des résistances que
cet air recontre en parcourant les galeries.

M. Murgue a, de son côté, imaginé un appareil fort ingénieux, qui atteint le même but
que l'appareil de M. Bourdon, et qui est ins-
tallé, depuis un certain temps aux mines de
Bessèges où l'on s'en montre satisfait. Il ne
se prête pas à l'enregistrement des résultats.

Comme elle l'a fait sur toutes les questions
importantes qui se rattachaient à sa mission,
la Commission a publié un travail de M.
Aguillon, dans lequel est exposé avec détail

tout ce qui se rapporte au contrôle de l'aérage dans les mines.

Influence du vent.

Un savant ingénieur belge, M. Cornet, a émis récemment une idée nouvelle qui intéresse la ventilation et, par suite, la sécurité des mines.

M. Cornet pense que les vents intenses peuvent exercer sur l'orifice des puits de sortie d'air une pression capable de modifier considérablement la circulation de l'air dans les galeries.

Il est clair que cette action ne peut s'exercer utilement qu'à la condition que la direction de la vitesse du vent soit plongeante et fasse un angle assez grand avec l'horizontale. Ce fait ne paraît se produire que tout à fait exceptionnellement, dans des circonstances locales particulières, et pendant un court espace de temps.

M. Cornet s'appuie, il est vrai, pour établir le contraire, sur l'inclinaison qu'on donne habituellement à l'axe des moulins à vent. Il suppose que cet axe est dirigé suivant la direction générale du vent. Mais c'est par des considérations de bon rendement, tout à fait indépendantes de la direction du vent, que celle de cet axe a été fixée empiriquement, et il n'y a rien à en conclure relativement à la question soulevée par M. Cornet. L'inclinaison de l'axe des moulins à vent est d'ailleurs trop faible pour que la direction du vent, même quand elle lui serait parallèle, pût produire un effet important sur les courants d'air engendrés par la ventilation mécanique.

Enfin nous ajouterons que quelques expériences entreprises sur ce sujet ont montré que les changements de pression dus aux coups de vent ne dépassent pas quelques millimètres d'eau.

En résumé nous ne pensons pas que l'influence signalée par M. Cornet soit assez vraisemblable et puisse avoir une importance assez grande pour qu'il soit indispensable d'entreprendre sur ce point une série particulière d'observations. Il nous paraît suffisant que la question soit signalée aux ingénieurs par les publications de la Commission.

2° ÉCLAIRAGE

Expériences sur les lampes de sûreté.

De nombreuses expériences ont été faites.

sur les lampes de sûreté par la sous-commission chargée de ce soin. — Grâce à un appareil, établi dans un local dépendant de l'École des mines, et à demeure pour qu'il pût servir à expérimenter dans l'avenir tous les modèles de lampes qui pourraient être imaginés, on a comparé au point de vue de la sécurité tous les systèmes connus.

On est arrivé à des résultats fort analogues à ceux qui avaient antérieurement été obtenus par diverses commissions d'ingénieurs anglais, par la commission instituée jadis à Saint-Etienne, et par la commission belge de 1868.

Les lampes, protégées par une simple toile métallique, laissent passer très aisément la flamme sous l'influence d'un courant gazeux animé d'une vitesse qui peut ne pas dépasser 2 mètres pour le gaz d'éclairage. Les lampes de la plupart des autres systèmes laissent aussi passer la flamme, lorsqu'elles sont placées dans les conditions ordinaires de leur emploi, et elles ne diffèrent entre elles que par la vitesse plus ou moins grande que l'on est obligé de donner à l'air pour produire ce résultat.

Quant à la lampe Mueseler du type règlementaire belge, on n'est parvenu qu'avec une assez grande difficulté à en faire sortir la flamme. On y est arrivé cependant d'une façon régulière, en projetant sur la lampe un très fort courant dirigé presque suivant la hauteur de la lampe et de haut en bas. La lampe Mueseler n'est donc pas un préservatif certain contre les explosions, mais elle présente une sécurité incomparablement plus grande que toutes les autres. Il n'y a guère à craindre avec cet appareil d'éclairage que les courants dirigés de haut en bas.

La projection de la flamme hors de la lampe Mueseler avait déjà été observée par la commission belge, mais elle n'avait pas donné une définition précise des conditions dans lesquelles cet effet pouvait se produire.

La sous-commission a fait de nombreuses expériences et de nombreux essais pour construire une lampe possédant, avec la sécurité de la lampe Mueseler, l'avantage de ne pas s'éteindre lorsqu'on l'incline. Ces essais ne l'ont point satisfaite, et, tout bien examiné, c'est encore la lampe Mueseler dont elle a cru pouvoir recommander vivement l'emploi à tous les exploitants.

Cependant un ingénieur distingué M. Marsaut a soumis dans ces derniers temps à l'examen de la commission une lampe, de construction simple, qui ne s'éteint pas lorsqu'on l'incline, qui s'éteint dans le gaz et qui s'est très bien comportée dans toutes les épreuves aux-

quelles on l'a soumise, ne laissant pas passei
la flamme sous l'influence de courants gazeux
animés de fortes vitesses et dirigés d'une
façon quelconque. Il y aura lieu d'essayer la
lampe de M. Marsaut dans un certain nombre
d'exploitations. On ne peut dès à présent lui
adresser qu'un seul reproche, c'est que la toile
métallique est cachée par un écran, ce qui
empêche de constater d'un simple coup d'œil
la présence ou l'absence de cet élément essen-
tiel de la sécurité.

Eclairage électrique.

On dit souvent que ce mode d'éclairage ne
pourrait donner lieu à aucun accident dans les
mines à grisou. Bien que cette assertion ne
soit pas exacte, il est certain que dans quelques cas l'éclairage électrique rendrait au mineur de réels services. La commission s'est
préoccupée de cette question.

Elle fut tout d'abord amenée à conclure que
les lampes à incandescence étaient seules susceptibles de résoudre le problème; mais après
avoir étudié les lampes du système Reynier,
elle n'avait pas trouvé que ces appareils pus-
sent être considérés comme une solution du
problème.

Dans ces derniers temps, l'exposition d'éectricité a fait connaître les lampes à incandescence des systèmes Swann, Maxim, Elison. Ces appareils se rapprochent certainement du but, et il n'est pas douteux qu'ils ne puissent être employés avec avantage par les mineurs dans certains cas particuliers. Mais outre la difficulté d'installation, il restera toujours à faire entrer en ligne de compte, dans les mines à grisou, les dangers qu'entraîneraient les courants à forte tension nécessaires pour le fonctionnement de ces lampes. Aussi la commission n'a-t-elle pas cru devoir recommander l'emploi de ces appareils et elle est heureuse de s'être rencontrée sur ce point avec un éminent électricien, M. Siemens, qui, devant la commission anglaise, n'a pas hésité à regarder comme dangereuse l'introduction des lampes à incandescence dans les mines à grisou.

La sous-commission chargée de la question des lampes a rédigé sur tout ce qui se rapporte à cette question un rapport très détaillé qui est en ce moment sous presse et qui sera publié dans un bref délai.

Lampes éternelles.

On a souvent proposé de brûler, au moyen de lampes éternelles, le grisou au fur et à mesure de son dégagement. Ce procédé a même été sérieusement pratiqué dans certaines exploitations, malgré les dangers redoutables auxquels il expose la mine.

La sous-commission a constaté qu'une lampe ordinaire de mine, dans un air tenant 5 p. 100 de grisou et placé par conséquent près de la limite de combustibilité, ne brûle guère que 5 centimètres cubes de grisou par seconde ou 18 litres par heure, c'est-à-dire une quantité tout à fait insignifiante. L'emploi des lampes éternelles n'est donc pas seulement des plus périlleux : l'effet utile en est encore absolument illusoire.

3° INDICATEURS DU GRISOU

Expériences sur les indicateurs du grisou.

Tous les moyens imaginés pour indiquer au mineur la présence du grisou ont été étudiés, et, lorsque cela a paru nécessaire, expérimentés par la commission.

C'est ainsi que la commission a publié une note sur l'appareil dû à M. Coquillon, et qui peut rendre de très-réels services en permettant l'analyse rapide d'un air grisouteux.

De tous les indicateurs de grisou, le meilleur

est encore jusqu'ici celui qui est fourni par les modifications que la présence du gaz dans l'air fait subir à la flamme d'une lampe. La sous-commission chargée de ce soin a étudié ce phénomène avec la plus grande attentior.

Tous les mineurs savent que l'influence du grisou sur une flamme se traduit par deux phénomènes distincts :

1º La formation autour de la flamme d'une auréole bleuâtre due à la combustion du gaz;

2º L'allongement de la flamme.

Les conditions de la formation de l'auréole ont été précisées avec netteté. On a constaté que la hauteur de cette auréole dépend non-seulement de la proportion de grisou conte-nue dans l'air, mais encore de la dimension de la flamme. Dans un air contenant 5 p. 100 de grisou, la flamme d'une lampe de mine ordinaire donne une auréole dont la hauteur est de plus de 0^m1. Cette hauteur descend à 0^m02 ou 0^m03 si l'on diminue la flamme jus-qu'au point extrême où une diminution plus forte en amènerait l'extinction.

On a constaté que, pour donner à l'auréole son maximum de visibilité, il fallait, en bais-sant la mèche, rendre aussi peu éclairante que possible la flamme de la lampe. Dans les con-ditions exceptionnellement favorables du labo-ratoire, on peut ainsi constater la présence de

0,02 de grisou dans l'atmosphère. Ce n'est guère que pour une proportion de 0,03 que le phénomène devient assez net pour qu'on puisse espérer l'observer avec sûreté dans la mine.

L'autre effet produit par le grisou sur la flamme d'une lampe, c'est l'allongement de celle-là. On conçoit, en effet, que la flamme s'entourant d'une auréole dans laquelle le grisou entre en combustion, l'air n'arrive plus à la flamme que très désoxygéné et qu'elle doit augmenter de surface pour rencontrer l'oxygène nécessaire à la combustion des produits de la mèche.

Les expériences de la sous-commission ont montré quelle était la délicatesse de cette indication ; elles ont fait voir qu'il suffit de trois millièmes de grisou dans l'air pour produire un allongement de la flamme appréciable, au moins dans les conditions exceptionnellement favorables du laboratoire. On peut admettre que, dans la mine, l'allongement deviendrait appréciable pour une proportion de grisou égale à 1 1/2 p. 100.

Une proportion de 4 à 5 p. 100 de gaz étranger, tel que l'acide carbonique, dans l'air de la mine, modifie à peine ce phénomène.

A la suite de ses observations, la sous-commission a été conduite à expérimenter un sys-

tème très simple d'écrans qui permet d'augmenter très notablement la sensibilité des indications que fournit l'auréole sur la quantité
de grisou contenue dans l'air. On arrive ainsi
à constater la présence d'une proportion de gaz
inférieure à 1 p. 100. Cet indicateur de grisou a été expérimenté avec succès dans un
certain nombre d'exploitations.

La question des indicateurs de grisou a été
exposée avec détail dans un travail de la sous-
commission qui a été porté à la connaissance
du public.

4° TIRAGE A LA POUDRE

Le tirage à la poudre joue un rôle si considérable dans les accidents de grisou qu'il serait désirable qu'on connût le moyen d'empê-
cher un coup de mine d'enflammer le grisou.
La commission, pour tâcher de résoudre cette
question, s'est adressée aux personnes
les plus compétentes. Elle a fait appel aux
lumières de M. Sarrau, directeur des poudres
et salpêtres, et de M. Ruggieri. Elle s'est adressée à la commission des explosifs qui a bien
voulu lui donner, dans un rapport publié parmi les documents de la commission, son avis
détaillé.

Des expériences ont été faites sur une cartouche spéciale présentée par M. Mac Nab. Elles ont été malheureusement peu satisfaisantes, mais il est peut-être permis d'espérer que le dernier mot n'est pas dit, et que les expériences de la commission mettront sur la voie d'autres procédés donnant de meilleurs résultats.

Dans l'état actuel de la question, il n'y a qu'à souhaiter que les machines déjà imaginées pour abattre la houille sans le secours de la poudre arrivent à un état de perfection assez grand pour que le tirage des coups de mine puisse être définitivement abandonné, au moins dans l'abatage.

5° INFLUENCE DES POUSSIÈRES

La question si controversée du rôle des poussières dans les explosions de mines n'a pas cessé de préoccuper la commission. Des expériences ont été entreprises par elle en vue d'y porter un peu plus de lumière. Nous avons résumé dans un travail étendu les expériences de la commission, celles qui sont dues à divers auteurs, ainsi que l'état de la question, et nous avons formulé nettement nos propres conclusions. Nous croyons avoir établi :

1º Que certaines poussières de houille maintenues en suspension dans l'air peuvent y être enflammées, sans qu'il soit nécessaire que l'air tienne préalablement une quantité plus ou moins grande d'un gaz combustible;

2º Que les combustibles minéraux sont sous ce rapport extrêmement différents les uns des autres. Quelques-uns donnent des poussières incombustibles dans les conditions précitées, tandis que les poussières formées par d'autres présentent une combustion plus ou moins facile. En général, les houilles donnent des poussières d'autant plus inflammables que la proportion des matières volatiles y est plus considérable. L'inflammabilité des poussières de lignite, qui sont placées sous ce rapport, à l'extrémité de la série, est telle qu'elles donnent lieu à de petites détonations qui ne se produisent jamais avec les poussières de houille;

3º Que la quantité de poussières qui doit être mélangée à l'air pour que l'inflammation se produise et se propage à quelque distance du point enflammé, est très considérable et telle qu'elle ne peut être mise en suspension dans l'atmosphère que sous l'influence d'une cause mécanique très violente, ni se maintenir que pendant un temps extrêmement court après la cessation de cette cause;

4° Que, dans tous les cas, et sauf pour les poussières de lignite, la vitesse de propagation de l'inflammation , dans un air chargé de poussières, est extrêmement faible et pour ainsi dire nul ;

5° Enfin, que l'inflammation ne peut être communiquée aux poussières en suspension, sur une étendue un peu notable, que par des flammes très larges.

Il résulte de ces faits que les poussières de houille mélangées à l'air ne peuvent jamais donner lieu qu'à des explosions locales et très limitées.

Ces explosions elles-mêmes ne peuvent guère être provoquées que par un coup de mine débourrant ou par un coup de grisou. En l'absence du grisou, le rôle des poussières est donc extrêmement limité, et il semble que, l'attention étant éveillée sur ce point, il soit extrêmement facile de le rendre tout à fait nul.

Dans une mine à grisou, au contraire, les poussières, en s'enflammant à la flamme du gaz, peuvent aider à la propagation de l'explosion et modifier d'une façon très funeste les produits de la combustion en donnant lieu à de l'oxyde de carbone. Dans ces mines, il convient donc d'éviter de grandes accumulations de poussière au sol des galeries; mais il ne faut pas perdre de vue que la vraie cause du danger est le grisou, et que c'est contre cet ennemi que l'attention du mineur doit être principalement et sans cesse éveillée.

6° SOINS A DONNER AUX BLESSÉS APRÈS LES EXPLOSIONS

Ce sujet s'éloignait trop des études habituelles de la plupart des membres de la commission pour qu'il pût être suivi par eux. Heureusement la commission comptait parmi ses membres un physiologiste éminent, M. Paul Bert, qui a bien voulu se charger de ce travail, secondé ou suppléé par un de ses collaborateurs habituels, M. le docteur Regnard, professeur à l'Institut agronomique.

Grâce à ces savants, la commission est en mesure :

1° De signaler à l'attention des mineurs un appareil nouveau permettant de séjourner pendant un certain temps dans un milieu irrespirable ;

2° De publier un manuel de soins à donner aux blessés après une explosion, destiné à être mis dans les mains de tous les ingénieurs et même de tous les maîtres mineurs.

Dans l'appareil imaginé par M. Regnard, le

gaz respiré est, à chaque expiration, débar-
rassé, par une dissolution de potasse, de l'acide
carbonique produit, en même temps qu'un
volume d'oxygène égal au volume d'acide carbonique disparu vient remplacer l'oxygène
absorbé par l'acte de la respiration. L'air qui
arrive aux poumons de l'homme renferme toujours ainsi les mêmes proportions relatives
d'oxygène et d'azote.

L'oxygène est contenu dans un sac en
caoutchouc enfermé dans une boîte en fer
blanc qui contient aussi la dissolution potas-
sique. L'appareil, placé sur le dos, est peu en-
combrant ; il ne pèse que 13 kilog. Il suffit à
entretenir la respiration pendant plus d'une
heure. L'essai qui en a été fait devant la Commission dans une des caves de l'Ecole des
mines a pleinement réussi et démontré que
l'ingénieux appareil de M. Regnard pouvait
rendre au mineur, dans des cas fort nombreux,
des services importants.

Le manuel rédigé par M. Regnard est très
clair et très net ; il indique avec précision les
premiers soins à donner aux victimes d'un accident de grisou en attendant l'arrivée du médecin, ainsi que les appareils et les médica-
ments, réduits à un très petit nombre, qu'il
convient de mettre à la portée de tous pour

qu'on puisse utilement s'en servir au moment nécessaire.

L'auteur de ce manuel, dont les ingénieurs apprécieront certainement très haut la valeur, conseille avec beaucoup de raison l'organisation, parmi les ouvriers de la mine, d'une brigade de sauveteurs exercés à manier les appareils de sauvetage et à donner aux blessés les premiers pansements. Il indique les exercices pratiques auxquels il conviendrait de soumettre les membres de cette brigade.

§ 2. — ENQUÊTES OUVERTES PAR LA COMMISSION

Statistique des accidents.

Toute étude des moyens propres à diminuer le nombre des explosions de grisou, ou à en atténuer les effets comprend nécessairement celle des diverses circonstances qui donnent lieu à ces accidents ou qui les aggravent.

La statistique des coups de grisou, faisant connaître pour chacun d'eux les causes générales et accidentelles, ainsi que les conséquences plus ou moins graves qu'ils ont entraînées, présente donc le plus vif intérêt. Ce travail, possible chez nous, grâce aux procès-verbaux rédigés par les ingénieurs des mines, mais long et pénible par la masse même des documents à dépouiller, a été successivement poursuivi par MM. Petitdidier et Lallemand, ingénieurs des mines. La publication de ce travail considérable a été retardée par des nécessités de service. Mais nous pouvons espérer qu'elle est prochaine.

L'étude attentive de ce document important ne manquera pas sans doute de conduire à d'intéressantes conclusions.

D'après les communications sommaires que M. Lallemand nous a faites dans diverses séances, l'une de ces conclusions sera vraisemblablement que l'inflammation du gaz par les coups de mine est de beaucoup la cause occasionnelle la plus fréquente des explosions de grisou.

Enquête ouverte parmi les ingénieurs.

Outre cette enquête rétrospective dans les documents que nous a légués le passé, la commission a ouvert sur toutes les questions qui se rattachent à l'objet de sa mission l'enquête la plus large et la plus complète.

Elle a fait appel à tout le monde sans exception, et tout particulièrement aux ingénieurs qui dirigent nos houillères ou à ceux qui, au nom de l'Etat, en surveillent l'exploitation. Les appréciations émises devant elle par ces hommes compétents ont été insérées dans ses procès-verbaux avec les discussions auxquelles elles ont donné lieu en séance.

Les mémoires écrits qu'on lui a adressés ont trouvé place dans les pièces annexées aux procès-verbaux des séances. Parmi les ingénieurs qui ont répondu à l'appel de la commission, nous citerons les noms de MM. Baretta, Castel, Chanselle, Chavatte, Clermont, Dumont, Denis, Delafond, Domage, Dombre, Fumat, Grand'Eury, Guibal, Lévy, Mathet, Marsaut, Massieu, Mirc, Murgue, Olry, Petitjean, Place, de Reydelet, Reynier, Ruggieri, Soulary. A ces noms il faut ajouter ceux de MM. Carnot, Dupont, Parran, Tournaire, qui ont bien voulu assister à un grand nombre des séances de la commission et lui ont apporté le plus précieux concours; enfin ceux de MM. Aguillon, Lallemand, Petitdidier, Regnard, Sauvage, Tresca et Vicaire, qui ont eu une grande part dans les travaux des sous-commissions.

Au cours de cette laborieuse enquête, de nombreuses inventions et de nombreux projets ont été soumis à l'examen de la commission. Tous ont été l'objet d'un examen attentif; malheureusement un bien petit nombre de ces

propositions ont présenté un véritable intérêt,
et les soixante et quelques rapports présentés
à leur sujet à la commission et discutés par
elle n'ont guère pu signaler que l'appareil
d'analyse de M. Coquillon qui peut rendre de
très réels services, et l'idée qu'ont eue MM.
Delon frères de cacher par un écran la flamme
de la lampe du mineur pour mieux distinguer
l'auréole bleue produite par le grisou.

*Rapport de M. du Souich sur la réglementation
des mines à grisou.*

A l'enquête si largement ouverte parmi les
ingénieurs de notre pays, la commission a
jugé nécessaire d'en ajouter une autre sur les
pratiques suivies à l'étranger. M. l'inspecteur
général du Souich, dans un travail très complet, avait pris le soin d'analyser avec détail les
règlementations soit d'ordre public, soit d'ordre intérieur, auxquelles sont assujetties les
mines à grisou en France et au dehors. Cette
étude des règlementations étrangères n'eût pas
été complète si l'on n'eût pas étudié sur les
lieux mêmes la manière dont elles sont appli-
quées.

Mission remplie à l'étranger par MM. Pernolet et Aguillon.

Deux membres de la commission (car M. Aguillon a trop prodigué à la commission son temps et sa connaissance approfondie de l'art des mines pour qu'il se refuse à ce qu'elle le considère comme sien) ont bien voulu accepter la laborieuse mission de visiter les principales mines de l'Allemagne, de la Belgique et de l'Angleterre, afin de les étudier au point de vue spécial des mesures qu'on y prend pour parer aux dangers du grisou.

Grâce aux trois volumes dans lesquels MM. Pernolet et Aguillon ont condensé les nombreuses et importantes observations qu'ils ont recueillies, les ingénieurs et l'administration des mines pourront acquérir aisément une connaissance exacte de tous les moyens auxquels on a recours dans les pays qui nous environnent, pour coujurer les accidents de grisou ou pour en atténuer les conséquences.

La commission espère que la comparaison entre les pratiques suivies dans les diverses contrées étrangères et dans notre pays ne manquera pas d'utilité pour améliorer encore les conditions de sécurité de nos exploitations.

Elle a constaté d'ailleurs avec une satisfaction bien légitime, que le rapprochement entre ce qui se fait au delà et en deçà de nos frontières est bien loin, en somme, d'être désavantageux à nos ingénieurs.

Tous les travaux de la commission ont d'ailleurs été portés, au fur et à mesure de leur achèvement, à la connaissance du public, et la commission a pris soin de provoquer, parmi les ingénieurs compétents, la discussion sur chacun des points examinés par elle.

§ 3. — PRINCIPES A CONSULTER DANS L'EXPLOITA-
TION DES MINES A GRISOU.

Comme conclusion naturelle de toutes ses études, la commission a pensé qu'elle devait réunir sous une forme méthodique et concise toutes les mesures de précaution qui lui paraissaient dignes d'être prises en considération par les exploitants de mines.

C'est ainsi qu'elle a été amenée à discuter et à arrêter, dans de nombreuses et laborieuses séances, la rédaction du travail qu'elle a intitulé : « Principes à consulter dans l'exploitation des mines à grisou. »

Fidèle à la règle qu'elle a toujours suivie, la
commission n'a arrêté cette rédaction qu'après
en avoir distribué un premier projet à toutes
les personnes qui dirigent l'exploitation de nos
houillères ou qui les surveillent au nom de
l'Etat, en provoquant de leur part des critiques
dont elle a tenu grand compte.

Comme elle le dit elle-même dans le préambule qu'elle a placé en tête des Principes à
consulter, la commission, en le rédigeant,
n'a pas eu l'idée de préparer un modèle ou
un projet de règlement qui dût, avec le sens
légal attribué à ce mot, être appliqué dans
son entier à toute mine contenant du grisou.
Les mines à grisou diffèrent trop entre elles
pour qu'une même réglementation puisse leur
être indistinctement appliquée. Mais elle peut
espérer que, dans chaque cas particulier, la
tâche des exploitants et de l'administration
des mines, pourra être rendue plus aisée par
l'étude des Principes qu'elle a formulés.

Nous terminerons cet exposé sommaire des
travaux de la commission en exprimant l'avis
qu'après leur publication complète, qui ne

saurait tarder, la commission pourra regarder sa tâche comme accomplie. Elle n'aura pas sans doute dit le dernier mot sur toutes les questions qu'elle a étudiées, mais nous espérons qu'on voudra bien lui accorder au moins qu'elle n'a rien négligé pour les éclairer davantage et pour remplir dignement la mission qui lui était confiée.

MALLARD,

Ingénieur en chef des mines.

LE CHATELIER,
Ingénieur ordinaire des mines.

Imp. du *Journal officiel*, quai Voltaire, 31.